Impressum
Verlag: BABADADA GmbH, Nedderfeld 112 , 22529 Hamburg
Geschäftsführer / Verlagsleitung: Harald Hof
Druck: Books on Demand GmbH, In de Tarpen 42, 22848 Norderstedt

Imprint
Publisher: BABADADA GmbH, Nedderfeld 112 , 22529 Hamburg, Germany
Managing Director / Publishing direction: Harald Hof
Print: Books on Demand GmbH, In de Tarpen 42, 22848 Norderstedt, Germany

# Szkoła

## xue xiao

Sala lekcyjna
jiao shi

dzielić
chu

186/2

Tablica
hei ban

Dziedziniec szkolny
xiao yuan

Nauczyciel
lao shi

Papier
zhi

pisać
shu xie

Pisak
gang bi

Biurko
ban gong zhuo

Liniał
zhi chi

Książka
shu

Uczeń
xue sheng

Plecak szkolny

shu bao

Piórnik

qian bi he

Ołówek

qian bi

Temperówka

juan bi dao

Gumka do mazania

xiang pi ca

Blok rysunkowy

hua ban

Rysunek

tu hua

Pędzel

hua bi

Pudełko z akwarelami

yan liao he

Nożyce

jian dao

Klej

jiao shui

Książka do ćwiczenia

lian xi ce

Zadanie domowe

jia ting zuo ye

Liczba

shu zi

2+2

dodawać

jia

odejmować

jian

mnożyć

cheng

liczyć

ji suan

Litera

zi mu

Alfabet

zi mu biao

Słowo

zi

Tekst

ke wen

czytać

du

Kreda

fen bi

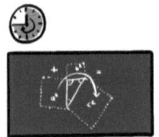

Godzina

shang ke

Dziennik lekcyjny

deng ji

Egzamin

kao shi

Świadectwo

zheng shu

Mundurek szkolny

xiao fu

Wykształcenie

jiao yu

Leksykon

bai ke quan shu

Uniwersytet

da xue

Mikroskop

xian wei jing

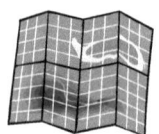

Mapa

di tu

Kosz na odpadki

fei zhi kuang

# Podróż
# lü xing

Hotel
jiu dian
Grand
Schronisko
qing nian lü xing she
EXCHANGE
Kantor wymiany walut
wai bi dui huan chu
Walizka
shou ti xiang
Auto
qi che

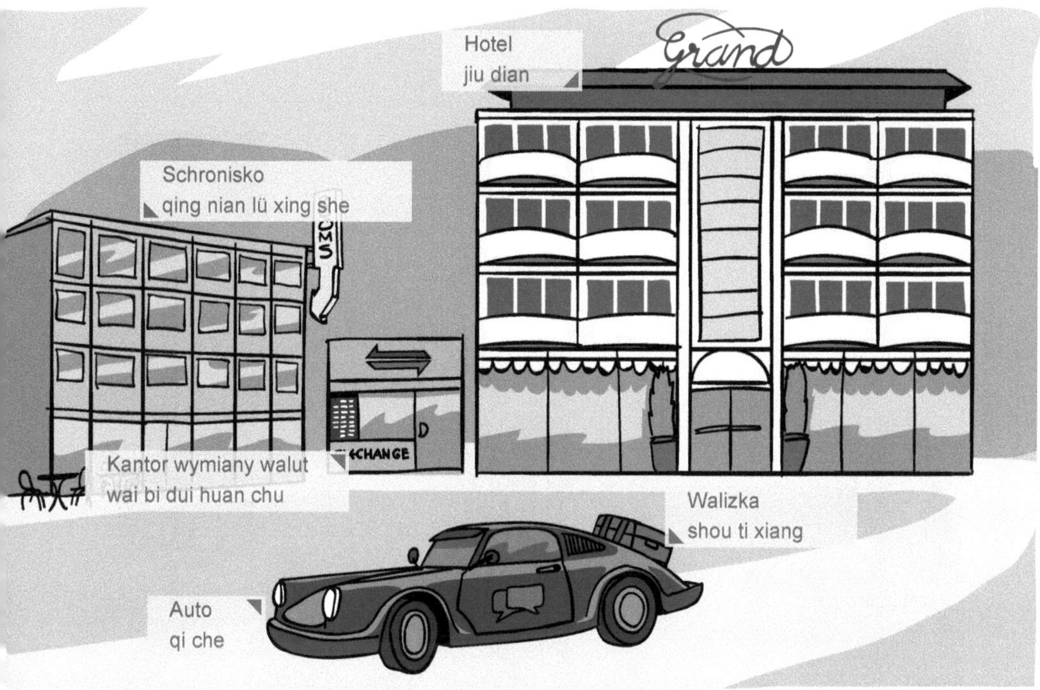

Język
yu yan

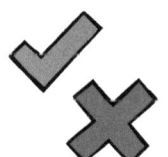

tak / nie
shi/fou

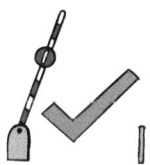

OK
hao de

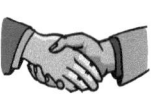

Halo
nin hao

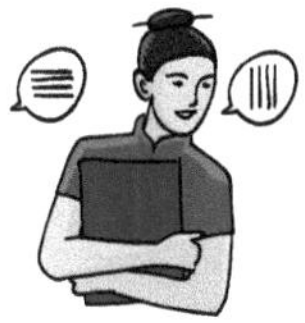

Tłumacz
fan yi yuan

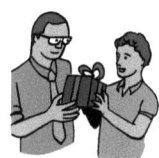

Dziękuję
xie xie

Ile kosztuje ...?

......duo shao qian?

Nie rozumiem

wo bu ming bai

Problem

wen ti

Dobry wieczór!

wan shang hao!

Dzień dobry!

zao shang hao!

Dobranoc!

wan an!

Do widzenia

zai jian

Kierunek

fang xiang

Bagaż

xing li

Torba

bao

Plecak

shuang jian bao

Gość

ke ren

Pokój

fang jian

Śpiwór

shui dai

Namiot

zhang peng

Informacja turystyczna

lü you xin xi

Plaża

hai tan

Karta kredytowa

xin yong ka

Śniadanie

zao can

Obiad

wu can

Kolacja

wan can

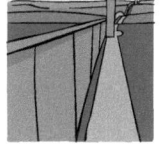

Bilet

piao

Winda

dian ti

Znaczek na list

you piao

Granica

bian jie

Cło

hai guan

Ambasada

da shi guan

Wiza

qian zheng

Paszport

hu zhao

# Transport
## jiao tong yun shu

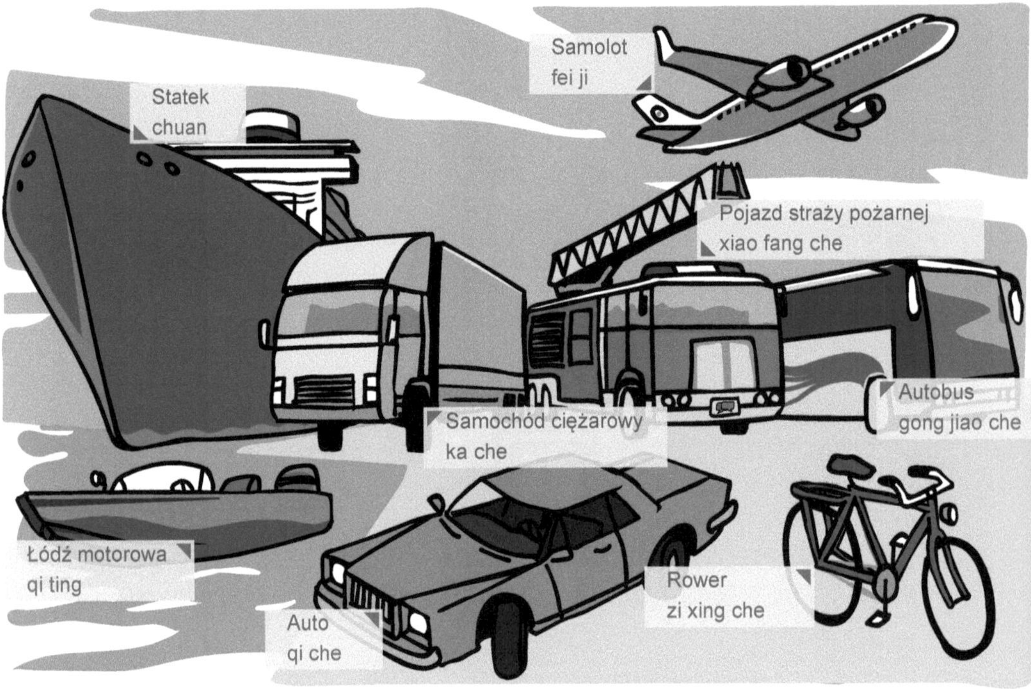

Samolot
fei ji
Statek
chuan
Pojazd straży pożarnej
xiao fang che
Autobus
gong jiao che
Samochód ciężarowy
ka che
Łódź motorowa
qi ting
Rower
zi xing che
Auto
qi che


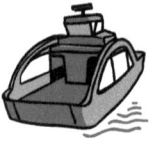

Prom

bai du chuan

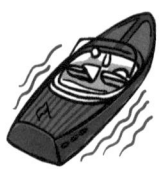

Łódź

xiao chuan

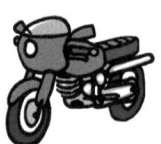

Motocykl

mo tuo che

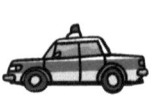

Radiowóz policyjny

jing che

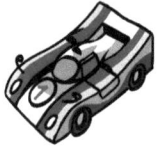

Samochód wyścigowy

sai che

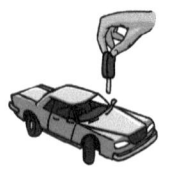

Samochód wypożyczony

zu che

Wspólne przejazdy
samochodem
pin che

Samochód pomocy
drogowej
tuo che

Śmieciarka
la ji che

Silnik
fa dong ji

Benzyna
qi you

Stacja benzynowa
jia you zhan

Znak drogowy
jiao tong biao zhi

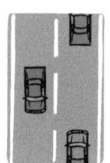

Ruch
jiao tong

Korek
jiao tong du sai

Parking
ting che chang

Dworzec
huo che zhan

Szyny
gui dao

Pociąg
huo che

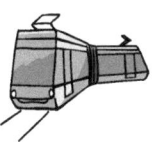

Tramwaj
dian che

Wagon
huo che

Helikopter

zhi sheng ji

Lotnisko

ji chang

Wieża

ta

Pasażer

cheng ke

Kontener

ji zhuang xiang

Karton

zhi ban xiang

Taczka

shou tui che

Kosz

lan zi

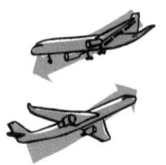

startować / lądować

qi fei/jiang luo

# Miasto

## cheng shi

Wieś

cun zhuang

Centrum miasta

shi zhong xin

Dom

fang zi

Kino
dian ying yuan

Reklama
guang gao

Latarnia uliczna
lu deng

CINEMA

Ulica
jie dao

Taksówka
chu zu che

Pieszy
xing ren

Kiosk
xiao chi dian

Chodnik
ren xing dao

Skrzyżowanie
shi zi lu kou

Pasy dla pieszych
ban ma xian

Kubeł na śmieci
la ji xiang

Lampa
hong lü deng

Chata

xiao wu

Mieszkanie

gong yu

Dworzec

huo che zhan

Ratusz

shi zheng ting

Muzeum

bo wu guan

Szkoła

xue xiao

Uniwersytet

da xue

Bank

yin hang

Szpital

yi yuan

Hotel

jiu dian

Apteka

yao fang

Biuro

ban gong shi

Księgarnia

shu dian

Sklep

shang dian

Kwiaciarnia

hua dian

Supermarket

chao shi

Rynek

shi chang

Dom towarowy

bai huo shang dian

Sklep z rybami

yu dian

Centrum handlowe

gou wu zhong xin

Port

hai gang

| | | |
|---|---|---|
|  |  |  |
| Park | Ławka | Most |
| gong yuan | chang deng | qiao |
|  |  |  |
| Schody | Metro | Tunel |
| lou ti | di tie | sui dao |
|  |  |  |
| Przystanek autobusowy | Bar | Restauracja |
| gong jiao che zhan | jiu ba | can guan |
|  |  |  |
| Skrzynka na listy | Tabliczka z nazwą ulicy | Parkometr |
| you tong | lu biao | ting che ji shi qi |
|  |  |  |
| Zoo | Łaźnia | Meczet |
| dong wu yuan | you yong guan | qing zhen si |

Gospodarstwo chłopskie

nong chang

Zanieczyszczenie środowiska

wu ran

Cmentarz

mu di

Kościół

jiao tang

Plac zabaw

cao chang

Świątynia

si miao

# Krajobraz
## di xing

Liść
shu ye

Drogowskaz
zhi shi pai

Droga
lu

Łąka
cao di

Kamień
shi tou

Wędrowiec
tu bu lü xing zhe

Drzewo
shu

Rzeka
he

Trawa
cao

Kwiat
hua

Dolina

xia gu

Góra

shan

Jezioro

hu

Las

sen lin

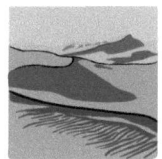

Pustynia

sha mo

Wulkan

huo shan

Zamek

cheng bao

Tęcza

cai hong

Grzyb

mo gu

Palma

zong lü shu

Komar

wen zi

Mucha

cang ying

Mrówka

ma yi

Pszczoła

mi feng

Pająk

zhi zhu

Chrząszcz

jia chong

Żaba

qing wa

Wiewiórka

song shu

Jeż

ci wei

Zając

ye tu

Sowa

mao tou ying

Ptak

niao

Łabędź

tian e

Dzik

ye zhu

Jeleń

lu

Łoś

mi lu

Tama

shui ba

Wiatrak

feng li fa dian ji

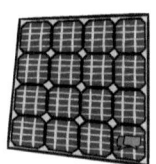

Moduł solarny

tai yang neng dian chi ban

Klimat

qi hou

# Restauracja
## can guan

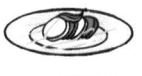

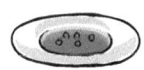

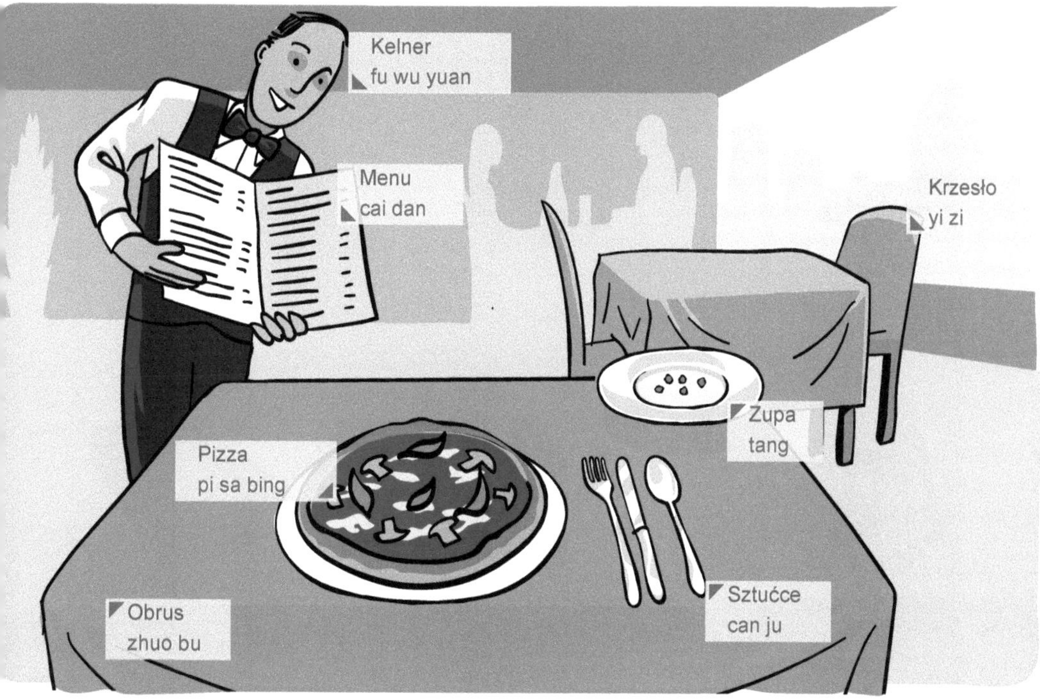
Kelner
fu wu yuan
Menu
cai dan
Krzesło
yi zi
Zupa
tang
Pizza
pi sa bing
Sztućce
can ju
Obrus
zhuo bu

Przystawka
qian cai

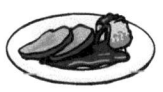

Danie główne
zhu cai

Deser
tian dian

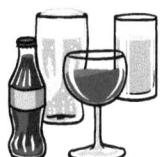

Napoje
yin liao

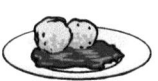

Jedzenie
shi wu

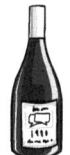

Butelka
ping zi

Fastfood

kuai can

Streetfood

jie bian xiao chi

Dzbanek na herbatę

cha hu

Cukierniczka

tang he

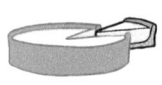

Porcja

yi fen fan cai

Zaparzarka do espresso

yi shi ka fei ji

Krzesło dla dziecka

gao jiao yi

Rachunek

zhang dan

Taca

tuo pan

Noż

dao

Widelec

can cha

Łyżka

shao zi

Łyżeczka

cha chi

Serwetka

can jin

Szklanka

bo li bei

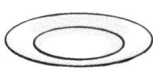

Talerz

die zi

Talerz do zupy

tang pan

Podstawek pod filiżankę

die zi

Sos

jiang

Solniczka

yan ping

Młynek do pieprzu

hu jiao mo

Ocet

cu

Olej

shi yong you

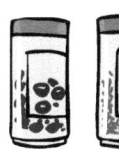

Przyprawy

tiao wei liao

Keczup

fan qie jiang

Musztarda

jie mo

Majonez

dan huang jiang

# Supermarket

## chao shi

Oferta
te jia
FOR
Klient
gu ke
Produkty mleczne
ru zhi pin
Owoce
shui guo
Wózek sklepowy
gou wu che


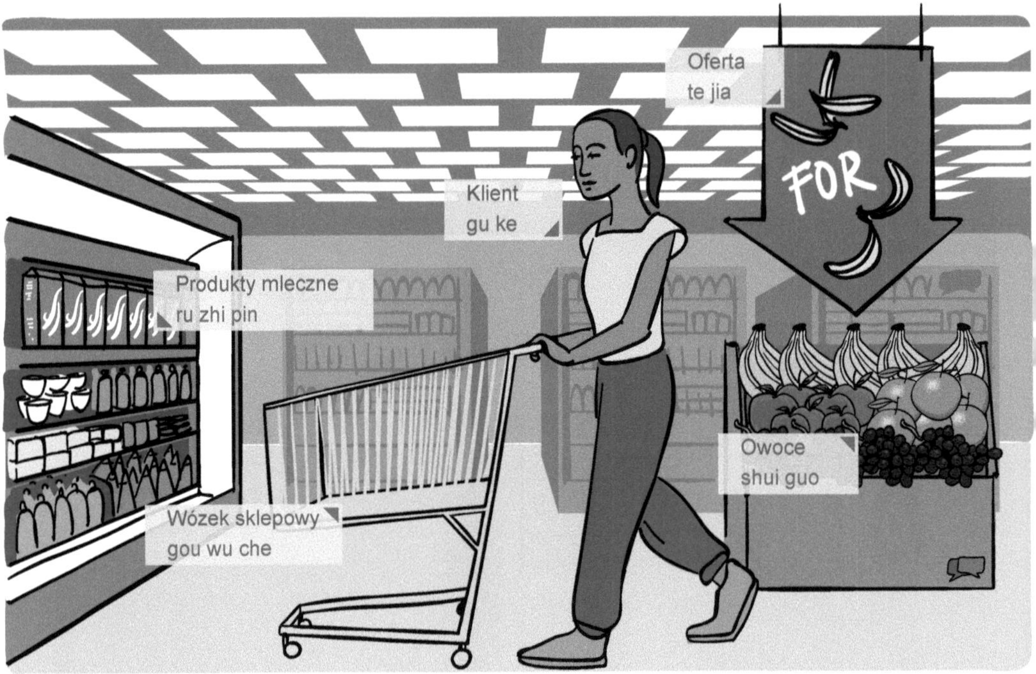

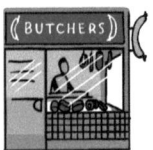

BUTCHERS


Rzeźnia

rou pu

BAKERY

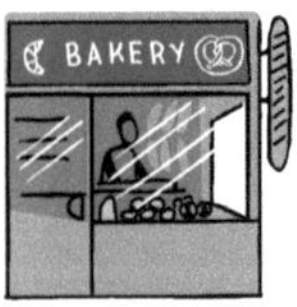

Piekarnia

mian bao fang

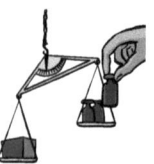

ważyć

cheng zhong

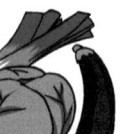

Warzywa

shu cai

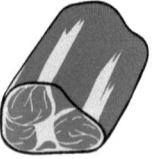

Mięso

rou

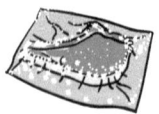

Mrożonki

leng dong shi pin

Wędliny

leng pan

Konserwy

guan tou shi pin

Proszek m do prania

xi yi fen

Słodycze

tian shi

Artykuły użytku domowego

ri yong pin

Środek czyszczący

qing jie yong pin

Sprzedawczyni

xiao shou yuan

Kasa

shou yin ji

Kasjer

shou yin yuan

Lista zakupów

gou wu qing dan

Godziny otwarcia

kai fang shi jian

Portfel

qian bao

Karta kredytowa

xin yong ka

Torba

dai zi

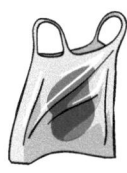

Torebka plastikowa

su liao dai

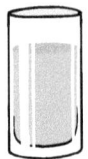

Woda

shui

Sok

guo zhi

Mleko

niu nai

Cola

ke le

Wino

hong jiu

Piwo

pi jiu

Alkohol

jiu

Kakao

ke ke

Herbata

cha

Kawa

ka fei

Espresso

yi shi nong suo ka fei

Cappuccino

ka bu qi nuo

Banan

xiang jiao

Jabłko

ping guo

Pomarańcza

cheng zi

Arbuz

xi gua

Cytryna

ning meng

Marchew

hu luo bo

Czosnek

da suan

Bambus

zhu zi

Cebula

yang cong

Grzyb

mo gu

Orzechy

jian guo

Makaron

mian tiao

Spaghetti

yi da li mian tiao

Ryż

mi fan

Sałatka

sha la

Frytki

shu tiao

Ziemniaki pieczone

zha tu dou

Pizza

pi sa bing

Hamburger

han bao bao

Kanapka

san ming zhi

Sznycel

zha zhu pai

Szynka

huo tui

Salami

sa la mi

Kiełbasa

xiang chang

Kura

ji rou

Pieczeń

kao rou

Ryba

yu

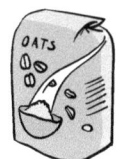

**Płatki owsiane**

yan mai pian

**Musli**

mu zi li

**Płatki kukurydziane**

yu mi pian

**Mąka**

mian fen

**Croissant**

yang jiao mian bao

**Bułka**

mian bao juan

**Chleb**

mian bao

**Toast**

kao mian bao

**Ciastka**

bing gan

**Masło**

huang you

**Twarożek**

ning ru

**Ciasto**

dan gao

**Jajko**

dan

**Jajko sadzone**

jian dan

**Ser**

nai lao

Lody

bing ji lin

Cukier

tang

Miód

feng mi

Marmolada

guo jiang

Krem nugatowy

qiao ke li jiang

Curry

ga li fan

# Gospodarstwo chłopskie
## nong chang

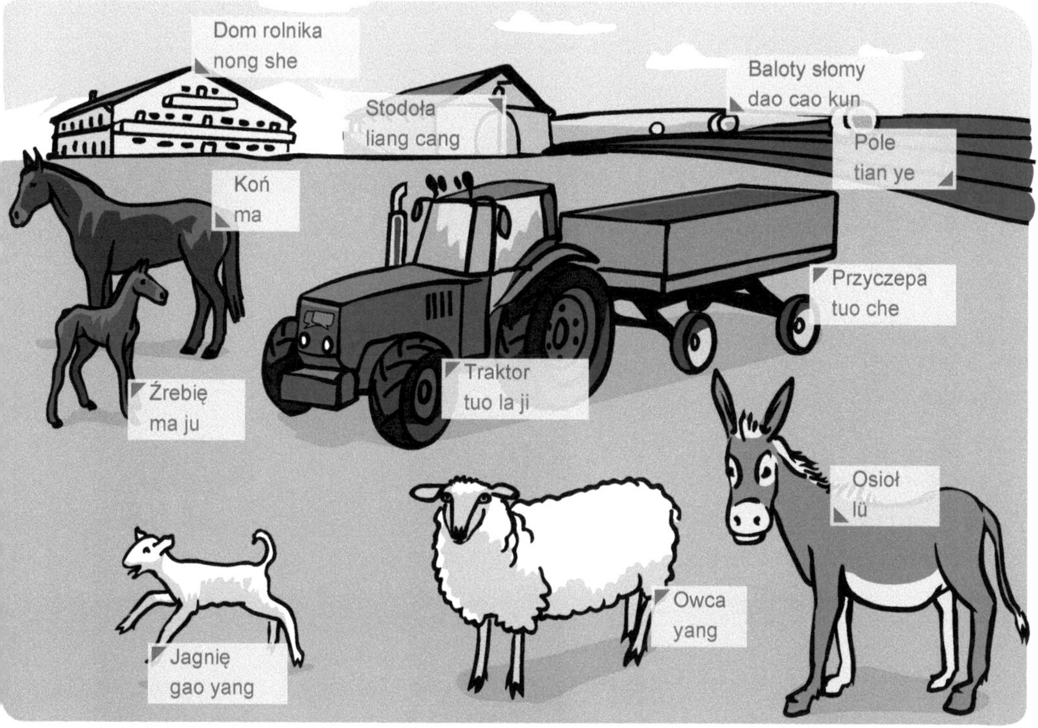
Dom rolnika
nong she
Stodoła
liang cang
Baloty słomy
dao cao kun
Pole
tian ye
Koń
ma
Przyczepa
tuo che
Traktor
tuo la ji
Źrebię
ma ju
Osioł
lü
Owca
yang
Jagnię
gao yang

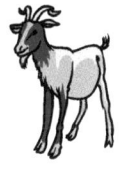

Koza

shan yang

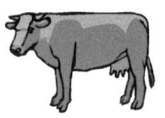

Krowa

nai niu

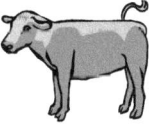

Cielę

niu du

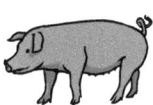

Świnia

zhu

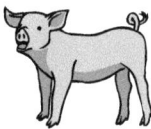

Prosię

xiao zhu

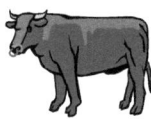

Byk

gong niu

Gęś

e

Kaczka

ya

Kurczątko

xiao ji

Kura

mu ji

Kogut

gong ji

Szczur

shu

Kot

mao

Mysz

lao shu

Osioł

niu

Pies

gou

Buda dla psa

gou wu

Wąż ogrodowy

hua yuan jiao shui ruan guan

Konewka

sa shui hu

Kosa

chang bing da lian dao

Pług

li

Sierp

lian dao

Graca

chu tou

Widły

chang bing cao pa

Siekiera

fu tou

Taczka

du lun shou tui che

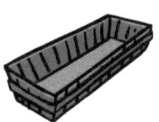

Koryto

si liao cao

Kanka na mleko

niu nai guan

Worek

ma bu dai

Płot

zha lan

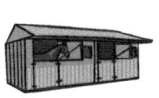

Stajnia

ma jiu

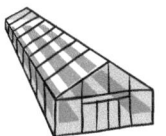

Szklarnia

wen shi

Ziemia

tu rang

Nasiona

zhong zi

Nawóz

fei liao

Kombajn zbożowy

lian he shou ge ji

zbierać

shou ge

Żniwa

shou ge

Podchrzyn

shan yao

Pszenica

xiao mai

Soja

da dou

Ziemniak

tu dou

Kukurydza

yu mi

Rzepak

you cai zi

Drzewo owocowe

guo shu

Maniok

shu shu

Zboże

gu wu

# Dom

# fang zi

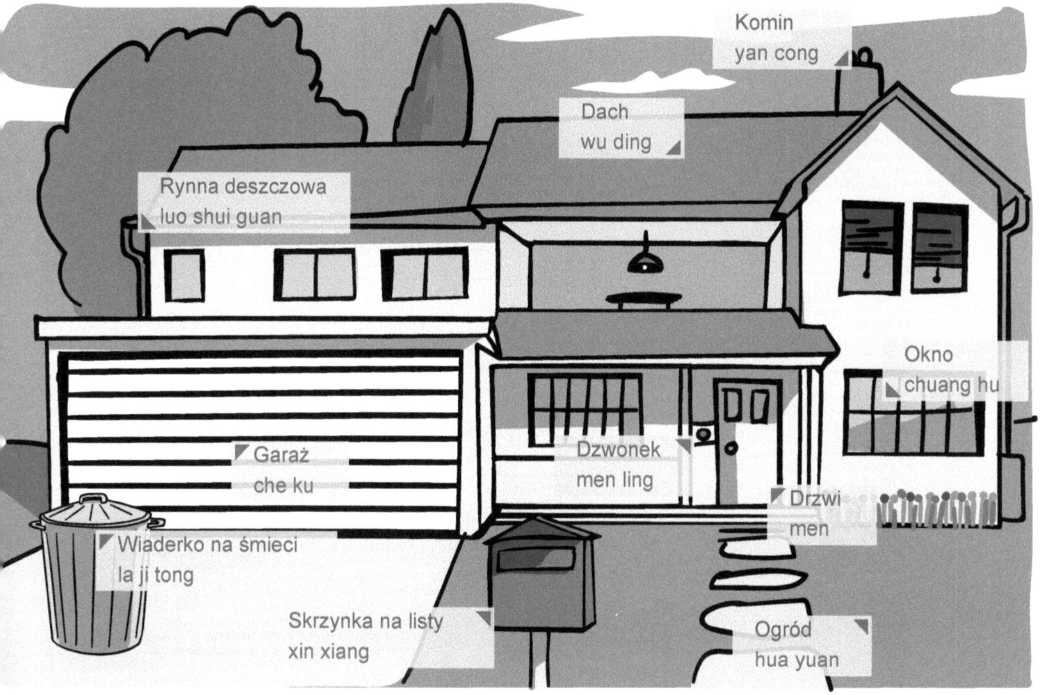
Komin
yan cong
Dach
wu ding
Rynna deszczowa
luo shui guan
Okno
chuang hu
Garaż
che ku
Dzwonek
men ling
Drzwi
men
Wiaderko na śmieci
la ji tong
Skrzynka na listy
xin xiang
Ogród
hua yuan

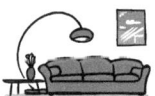

Pokój dzienny

ke ting

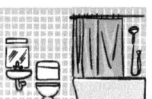

Łazienka

yu shi

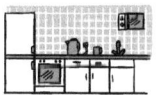

Kuchnia

chu fang

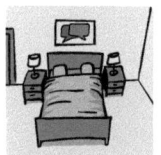

Sypialnia

wo shi

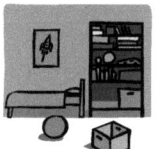

Pokój dziecięcy

er tong fang

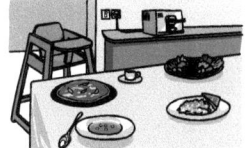

Jadalnia

can ting

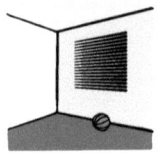

Ziemia

di ban

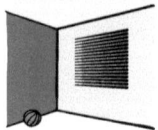

Ściana

qiang bi

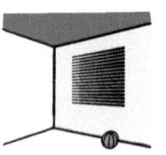

Koc

diao ding

Piwnica

di jiao

Sauna

sang na

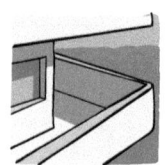

Balkon

yang tai

Taras

lu tai

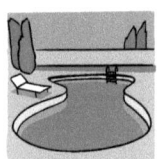

Basen

you yong chi

Kosiarka do trawy

ge cao ji

Poszwa

bei dan

Kołdra

chuang zhao

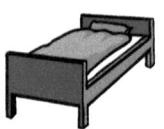

Łóżko

chuang

Miotła

sao zhou

Wiadro

shui tong

Włącznik

kai guan

# Pokój dzienny
# ke ting

Tapeta
bi zhi
Obraz
zhao pian
Lampa
tai deng
Regał
ge jia
Szafa
chu gui
Telewizor
dian shi ji
Komin
bi lu
Kwiat
hua
Poduszka
dian zi
Kanapa
sha fa
Wazon
hua ping
Pilot
yao kong qi


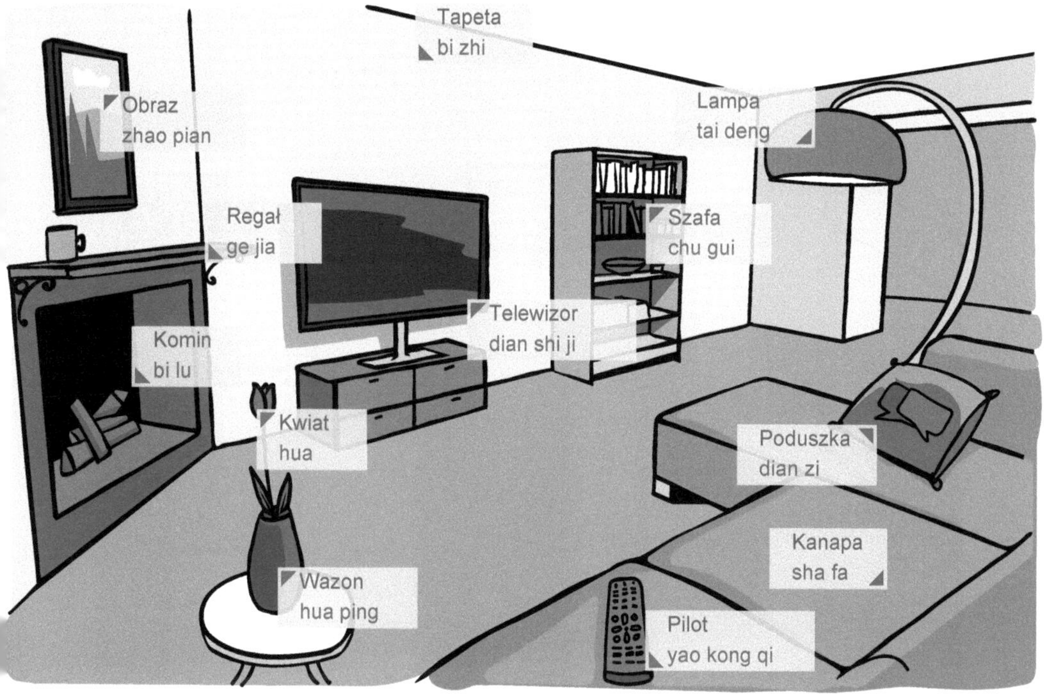

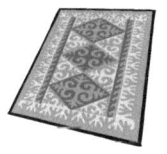

Dywan

di tan

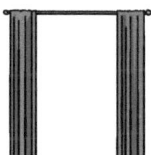

Zasłona

chuang lian

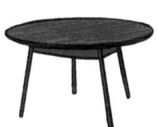

Stół

can zhuo

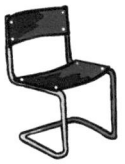

Krzesło

yi zi

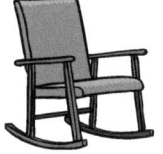

Bujak

yao yi

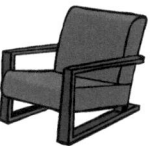

Fotel

fu shou yi

Książka

shu

Sufit

tan zi

Dekoracja

zhuang shi pin

Drewno kominkowe

mu chai

Film

dian ying

Instalacja stereo

gao bao zhen yin xiang

Klucz

yao shi

Gazeta

bao zhi

Malunek

you hua

Plakat

hai bao

Radio

shou yin ji

Notatnik

bi ji ben

Odkurzacz

xi chen qi

Kaktus

xian ren zhang

Świeczka

la zhu

# Kuchnia
# chu fang

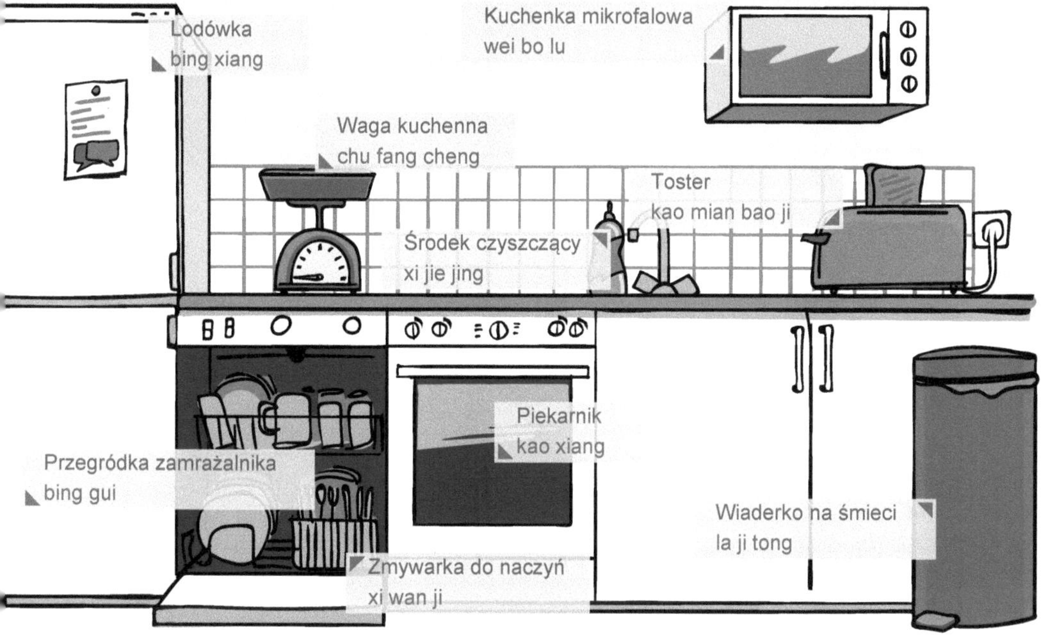

Lodówka
bing xiang
Kuchenka mikrofalowa
wei bo lu
Waga kuchenna
chu fang cheng
Toster
kao mian bao ji
Środek czyszczący
xi jie jing
Piekarnik
kao xiang
Przegródka zamrażalnika
bing gui
Wiaderko na śmieci
la ji tong
Zmywarka do naczyń
xi wan ji


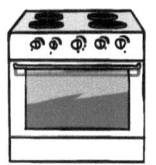

Kuchenka

chui ju

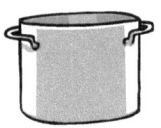

Garnek

guo

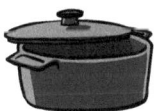

Kocioł żeliwny

zhu tie guo

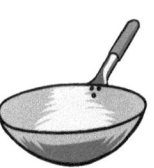

Wok / Kadai

sha guo

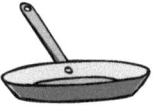

Patelnia

ping di guo

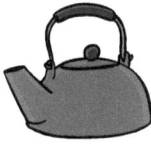

Czajnik

shui hu

Parowar

zheng guo

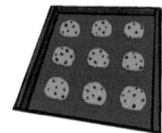

Blacha do pieczenia

kao pan

Naczynia kuchenne

tao ci guo

Kubek

ma ke bei

Miska

wan

Pałeczki

kuai zi

Nabierka

chang bing shao

Łopatka do smażenia

chan zi

Trzepaczka do śmietany

jiao ban qi

Cedzak

lü wang

Sitko

shai zi

Tarka

mo sui ji

Moździerz

yan bo

Grillowanie

shao kao

Palenisko

ming huo

Deska

cai ban

Wałek do ciasta

gan mian zhang

Korkociąg

kai ping qi

Puszka

guan zi

Otwieracz do puszek

kai ping qi

Ściereczka do trzymania garnka

ge re shou tao

Umywalka

shui cao

Szczotka

shua zi

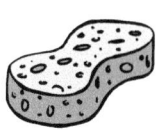

Gąbka

hai mian

Mikser

jiao ban ji

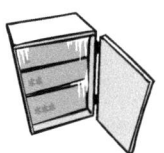

Zamrażarka

leng cang xiang

Butelka dla niemowlęcia

nai ping

Kran

shui long tou

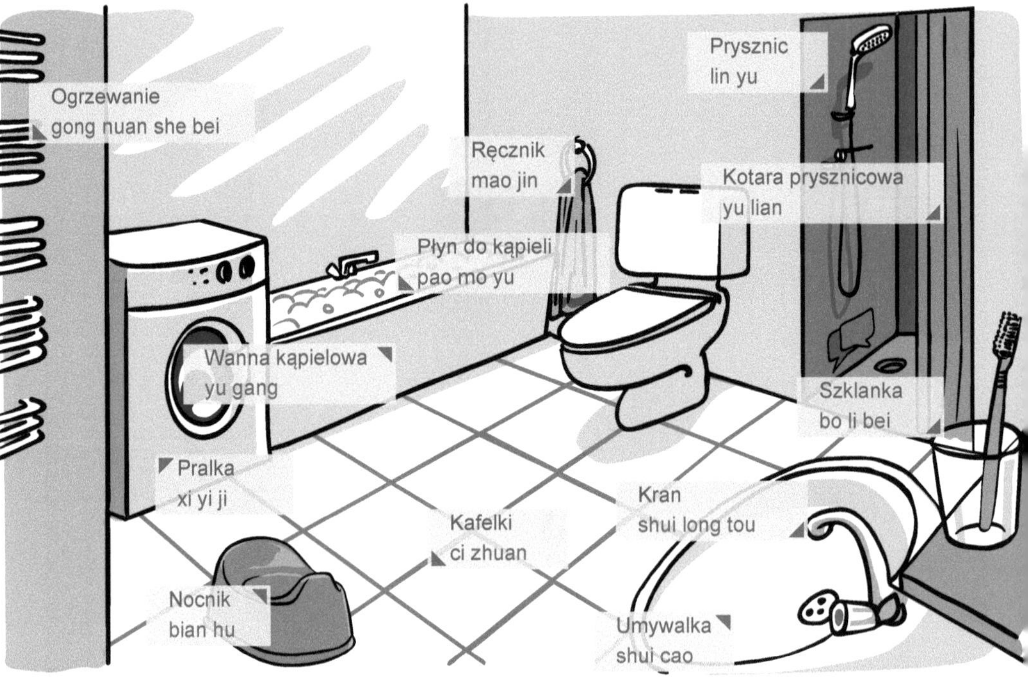

Ogrzewanie
gong nuan she bei

Prysznic
lin yu

Ręcznik
mao jin

Kotara prysznicowa
yu lian

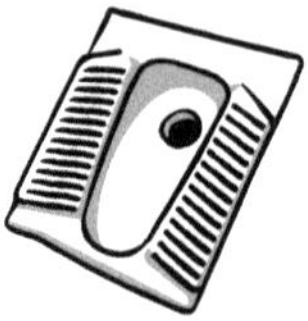

Płyn do kąpieli
pao mo yu

Wanna kąpielowa
yu gang

Szklanka
bo li bei

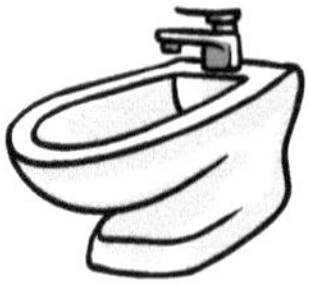

Pralka
xi yi ji

Kran
shui long tou

Kafelki
ci zhuan

Nocnik
bian hu

Umywalka
shui cao

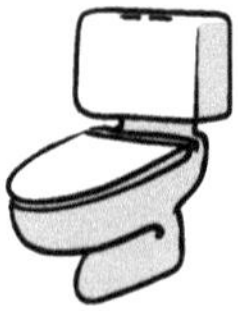

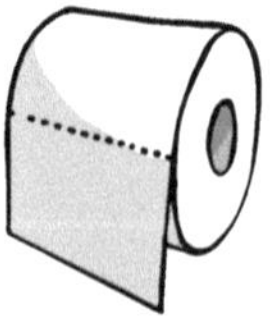

| Toaleta | Toaleta kuczna | Bidet |
| --- | --- | --- |
| ce suo | dun bian qi | zuo yu qi |

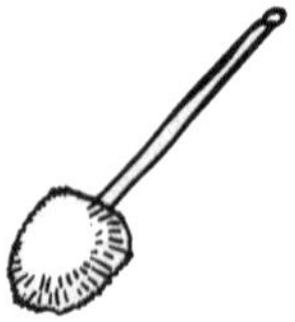

| 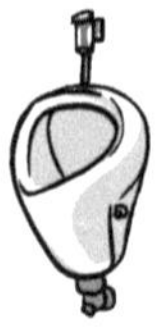 Pisuar | Papier toaletowy | Szczotka toaletowa |
| --- | --- | --- |
| xiao bian chi | ce zhi | ma tong shua |

Szczoteczka do zębów

ya shua

Pasta do zębów

ya gao

Nitki do czyszczenia zębów

ya xian

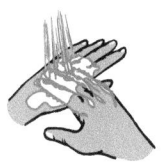

myć

xi

Głowica prysznicowa

shou chi shi pen lin tou

Płyn kąpielowy do higieny intymnej

chong xi qi

Miska do mycia

xi lian pen

Szczotka kąpielowa

ca bei shua

Mydło

fei zao

Żel prysznicowy

mu yu lu

Szampon

xi fa shui

Rękawica kąpielowa

fa lan rong

Odpływ

pai shui

Krem

ru shuang

Dezodorant

chu chou ji

Lustro

jing zi

Lustro kosmetyczne

shou jing

Golarka

ti xu dao

Pianka do golenia

ti xu pao mo

Woda po goleniu

xu hou shui

Grzebień

shu zi

Szczotka

shua zi

Suszarka do włosów

chui feng ji

Spray do włosów

pen fa ding xing ji

Makijaż

hua zhuang pin

Pomadka

chun gao

Lakier do paznokci

zhi jia you

Wata

hua zhuang mian

Nożyczki do paznokci

zhi jia jian

Perfum

xiang shui

Kosmetyczka

xi shu bao

Taboret

deng zi

Waga

ji zhong cheng

Szlafrok kąpielowy

yu pao

Rękawice gumowe

xiang jiao shou tao

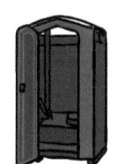

Tampon

wei sheng mian tiao

Podpaska damska

wei sheng jin

Toaleta chemiczna

hua xue ce suo

# Pokój dziecięcy
## er tong fang

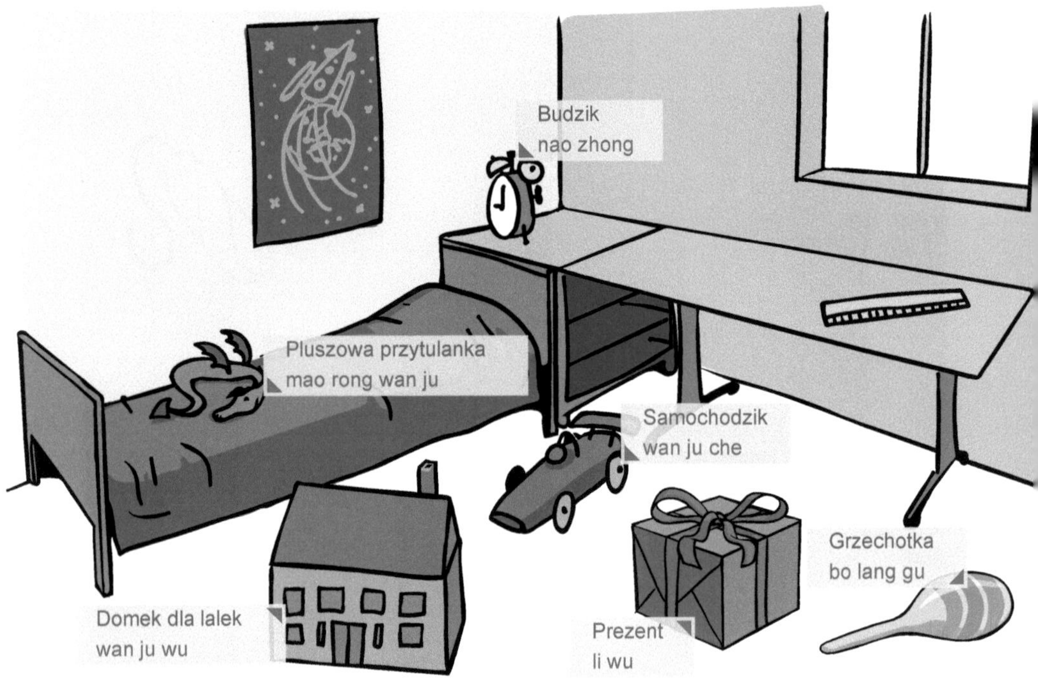

Budzik
nao zhong
Pluszowa przytulanka
mao rong wan ju
Samochodzik
wan ju che
Grzechotka
bo lang gu
Domek dla lalek
wan ju wu
Prezent
li wu

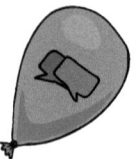

Balon
qi qiu

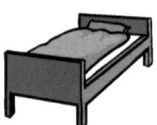

Łóżko
chuang

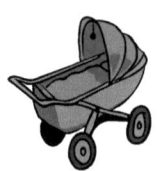

Wózek dziecięcy
(yang wa wa yong)ying er che

Gra w karty
pu ke pai

Puzzle
pin tu

SUPER
MEGA
Komiks
man hua

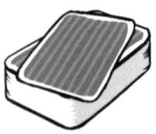

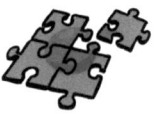

Klocki lego

le gao ji mu

Klocki

ji mu wan ju

Action figura

wan ju ren

Śpioszek dziecięcy

ying er fu

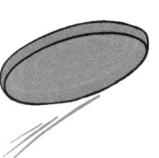

Frisbee

fei pan

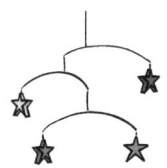

Zabawki ruchome

chuang ling wan ju

Gra planszowa

qi pan you xi

Kości

shai zi

Kolejka elektryczna

huo che mo xing

Smoczek

an fu nai zui

Przyjęcie

ju hui

Książka z ilustracjami

hui ben

Piłka

qiu

Lalka

yang wa wa

bawić się

wan

Piaskownica

sha keng

Huśtawka

qiu qian

Zabawki

wan ju

Konsola do gier

you xi ji

Rowerek trójkołowy

san lun che

Pluszowy miś

tai di xiong

Szafa ubraniowa

yi chu

## Ubiór

## yi fu

Skarpety

wa zi

Pończochy

chang wa

Rajstopy

jin shen ku

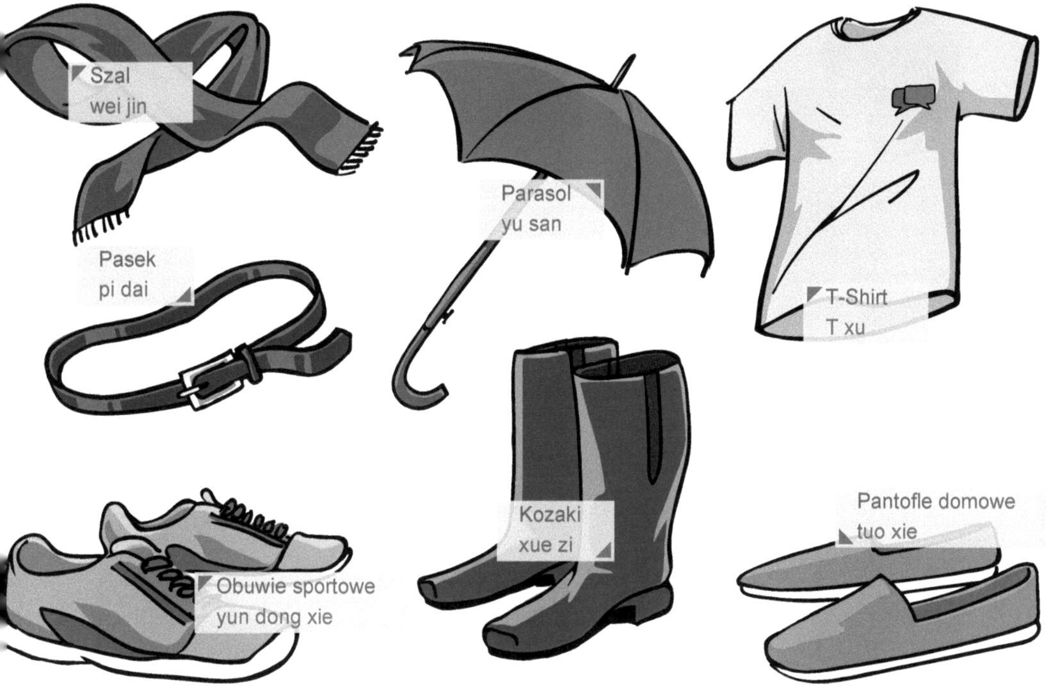

Szal
wei jin

Parasol
yu san

T-Shirt
T xu

Pasek
pi dai

Kozaki
xue zi

Pantofle domowe
tuo xie

Obuwie sportowe
yun dong xie

Sandały

liang xie

Buty

xie

Kalosze

yu xue

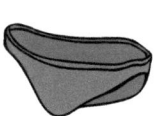

Majtki

nei ku

Biustonosz

xiong zhao

Podkoszulek

bei xin

**Body**

shen ti

**Spodnie**

ku zi

**Dżins**

niu zai ku

**Spódnica**

duan qun

**Bluzka**

nü shi chen shan

**Koszula**

chen shan

**Pulower**

tao tou shan

**Bluza sportowa**

wei yi

**Marynarka**

xi zhuang jia ke

**Kurtka**

jia ke

**Płaszcz**

wai tao

**Płaszcz przeciwdeszczowy**

yu yi

**Kostium**

tao zhuang

**Sukienka**

lian yi qun

**Suknia ślubna**

hun sha

Garnitur męski

xi zhuang

Koszula nocna

shui pao

Piżama

shui yi

Sari

sha li

Chusta na głowę

tou jin

Turban

bao tou jin

Burka

bo ka

Kaftan

ka fu tan

Abaya

(a la bo shi)chang pao

Strój kąpielowy

yong yi

Kąpielówki

nan shi yong ku

Krótkie spodnie

duan ku

Dres sportowy

yun dong fu

Fartuch

wei qun

Rękawiczki

shou tao

Guzik

niu kou

Okulary

yan jing

Bransoletka

shou lian

Łańcuszek

xiang lian

Pierścionek

jie zhi

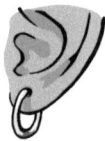

Kolczyk

er huan

Czapka

bian mao

Wieszak

yi jia

Kapelusz

mao zi

Krawat

ling dai

Zamek błyskawiczny

la lian

Kask

tou kui

Szelki

bei dai

Mundurek szkolny

xiao fu

Mundur

zhi fu

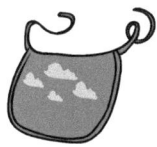

Śliniaczek

wei dou

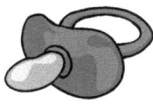

Smoczek

an fu nai zui

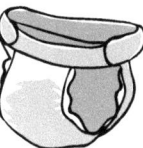

Pieluszka

niao bu shi

# Biuro

## ban gong shi

Serwer
fu wu qi
Szafa na akta
wen jian gui
Drukarka
da yin ji
Papier
zhi
Monitor
xian shi ping
Mysz
shu biao
Biurko
ban gong zhuo
Segregator
wen jian jia
Klawiatura
jian pan
Kosz na odpadki
fei zhi kuang
Komputer
dian nao
Krzesło
yi zi

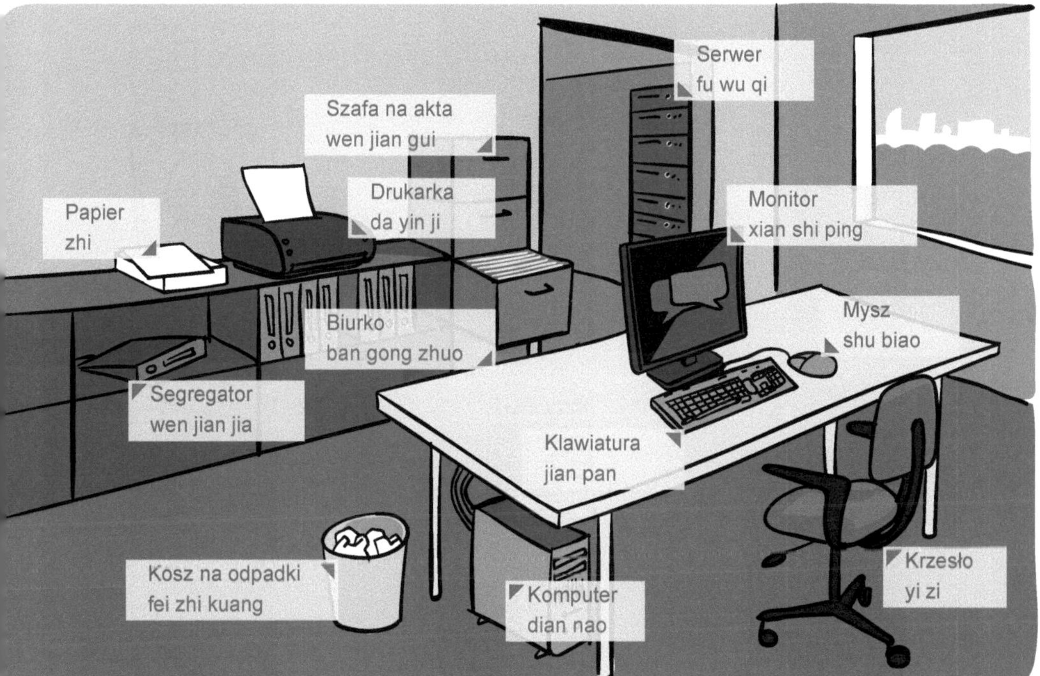

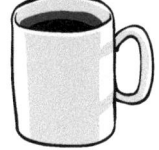

Filiżanka do kawy

ka fei bei

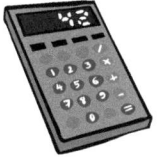

Kalkulator

ji suan qi

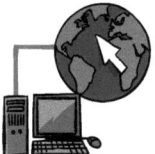

Internet

yin te wang

Laptop

bi ji ben dian nao

List

xin jian

Wiadomość

xiao xi

Komórka

shou ji

Sieć

wang luo

Kopiarka

fu yin ji

Oprogramowanie

ruan jian

Telefon

dian hua

Gniazdko

cha zuo

Faks

chuan zhen ji

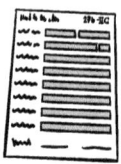

Formularz

biao ge

Dokument

wen jian

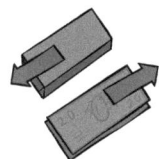

kupić

mai

płacić

fu qian

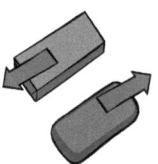

postępować

jiao yi

Pieniądze

xian jin

Dolar

mei yuan

Euro

ou yuan

Jen

ri yuan

 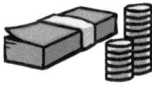

Rubel

lu bu

Frank

rui shi fa lang

Juan Renminbi

ren min bi

Rupia

lu bi

Bankomat

ti kuan chu

Kantor wymiany walut

wai bi dui huan chu

Złoto

jin

Srebro

yin

Olej

shi you

Energia

neng yuan

Cena

jia ge

Umowa

he tong

Podatek

shui jin

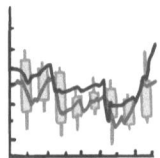

Akcja

gu piao

pracować

gong zuo

Pracownik umysłowy

zhi yuan

Pracodawca

lao ban

Fabryka

gong chang

Sklep

shang dian

# Zawody
# zhi ye

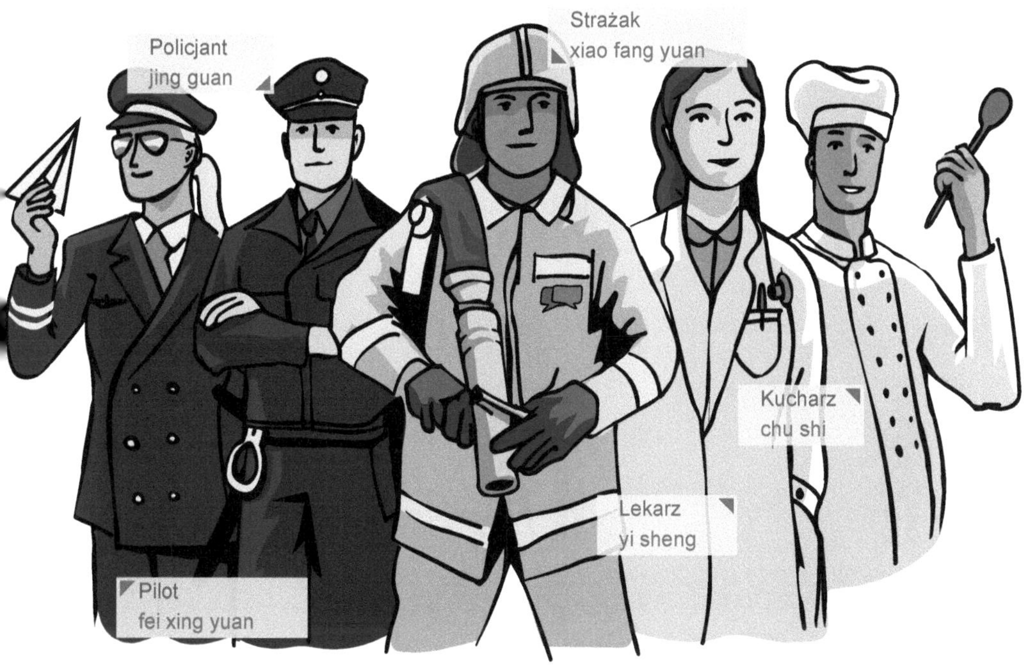

Policjant
jing guan
Strażak
xiao fang yuan
Kucharz
chu shi
Lekarz
yi sheng
Pilot
fei xing yuan


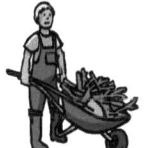

Ogrodnik

yuan ding

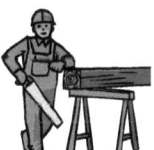

Stolarz

mu jiang

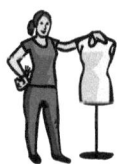

Krawcowa

cai feng

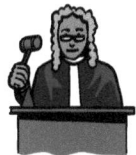

Sędzia

fa guan

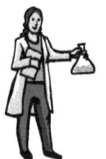

Chemik

hua xue jia

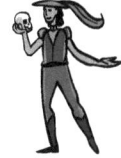

Aktor

yan yuan

Kierowca autobusu

gong jiao che si ji

Taksówkarz

chu zu che si ji

Fischer

yu fu

Sprzątaczka

qing jie nü gong

Dekarz

wu ding gong

Kelner

fu wu yuan

Myśliwy

lie ren

Malarz

hua jia

Piekarz

mian bao shi

Elektryk

dian gong

Robotnik budowlany

jian zhu gong ren

Inżynier

gong cheng shi

Rzeźnik

tu fu

Instalator

shui guan gong

Listonosz

you di yuan

Żołnierz

shi bing

Architekt

jian zhu shi

Kasjer

shou yin yuan

Florysta

hua nong

Fryzjer

li fa shi

Konduktor

shou piao yuan

Mechanik

ji xie shi

Kapitan

chuan zhang

Dentysta

ya yi

Naukowiec

ke xue jia

Rabin

la bi

Imam

yi ma mu

Mnich

he shang

Proboszcz

mu shi

# Narzędzia
# gong ju

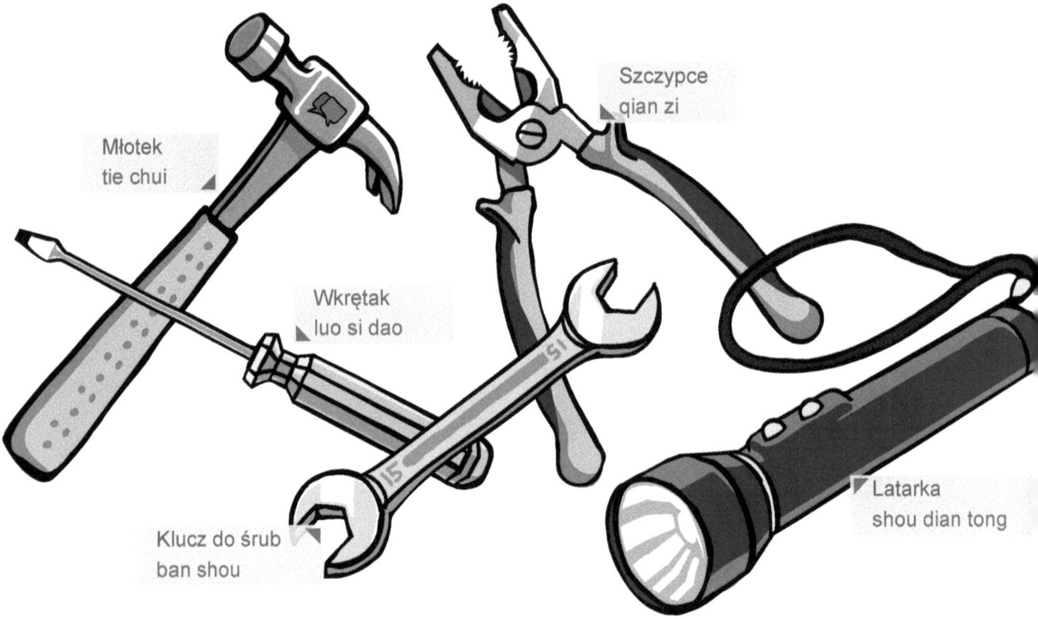
Szczypce
qian zi
Młotek
tie chui
Wkrętak
luo si dao
Latarka
shou dian tong
Klucz do śrub
ban shou

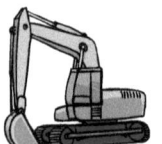

Koparka

wa jue ji

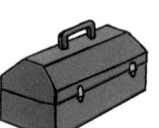

Skrzynka narzędziowa

gong ju xiang

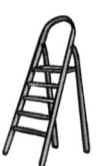

Drabina

ti zi

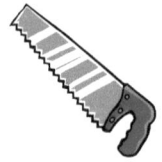

Piła

ju zi

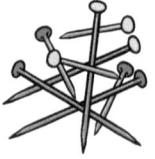

Gwoździe

ding zi

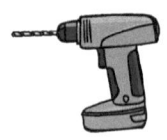

Wiertło

zuan ji

naprawić

xiu

Łopatka

chan zi

Cholera!

kao!

Szufelka

bo ji

Puszka z farbą

you qi tong

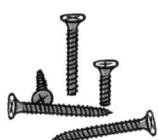

Śruby

luo si

## Instrumenty muzyczne
## yue qi

Głośnik
yang sheng qi

Perkusja
da ji yue qi

Gitara
ji ta

Kontrabas
di yin ti qin

Trąbka
xiao hao

Pianino

gang qin

Skrzypce

xiao ti qin

Bas

bei si

Kotły

ding yin gu

Bęben

gu

Keyboard

dian zi qin

Saksofon

sa ke si guan

Flet

chang di

Mikrofon

mai ke feng

# Zoo
## dong wu yuan

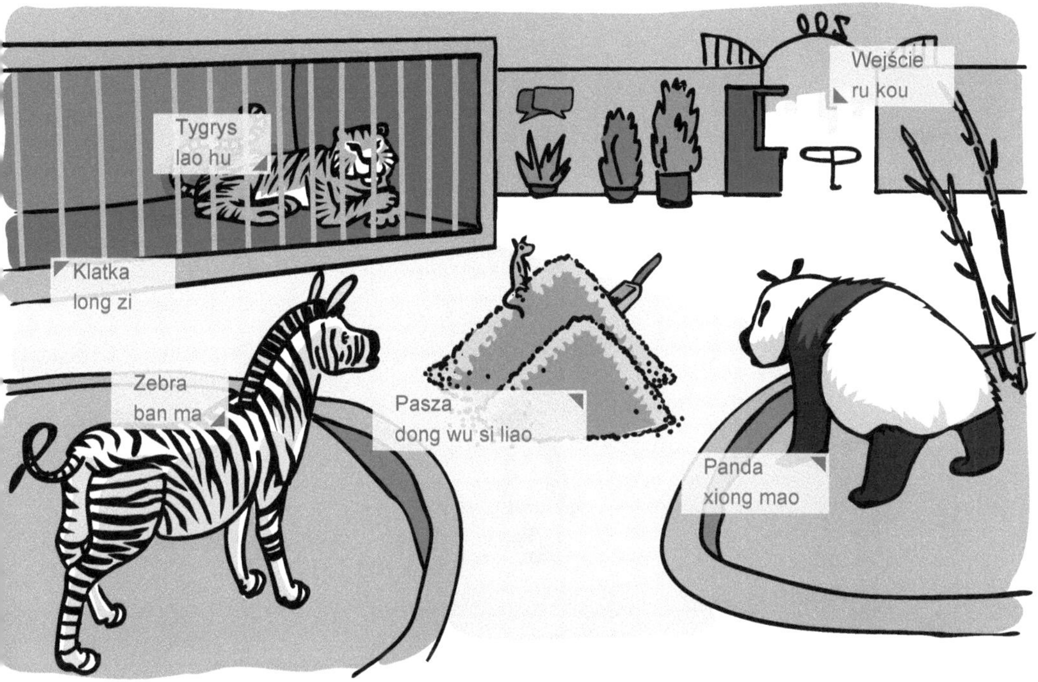
Wejście
ru kou
Tygrys
lao hu
Klatka
long zi
Zebra
ban ma
Pasza
dong wu si liao
Panda
xiong mao

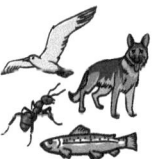

Zwierzęta
dong wu

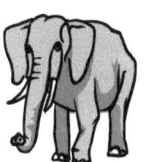

Słoń
da xiang

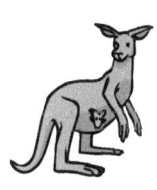

Kangur
dai shu

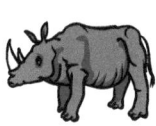

Nosorożec
xi niu

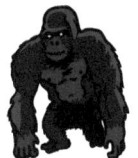

Goryl
da xing xing

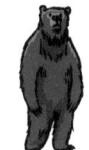

Niedźwiedź
xiong

Wielbłąd

luo tuo

Struś

tuo niao

Lew

shi zi

Małpa

hou zi

Fleming

huo lie niao

Papuga

ying wu

Niedźwiedź polarny

bei ji xiong

Pingwin

qi e

Rekin

sha yu

Paw

kong que

Wąż

she

Krokodyl

e yu

Dozorca w zoo

dong wu yuan guan li yuan

Foka

hai bao

Jaguar

mei zhou bao

Kucyk

ai zhong ma

Gepard

bao

Hipopotam

he ma

Żyrafa

chang jing lu

Orzeł

lao ying

Dzik

ye zhu

Ryba

yu

Żółw

gui

Mors

hai xiang

Lis

hu li

Gazela

ling yang

Futbol amerykański
gan lan qiu

Kolarstwo
qi zi xing che

Tenis
wang qiu

Koszykówka
lan qiu

Pływanie
you yong

Boks
quan ji

Hokej na lodzie
bing qiu

Piłka nożna
ying shi zu qiu

Badminton
yu mao qiu

Lekka atletyka
tian jing

Piłka ręczna
shou qiu

Narciarstwo
hua xue

Polo
ma qiu

# Działania
# huo dong

skakać
tiao
objąć
yong bao
śmiać się
xiao
iść
zou lu
śpiewać
chang
marzyć
zuo meng
modlić się
qi dao
całować
qin wen


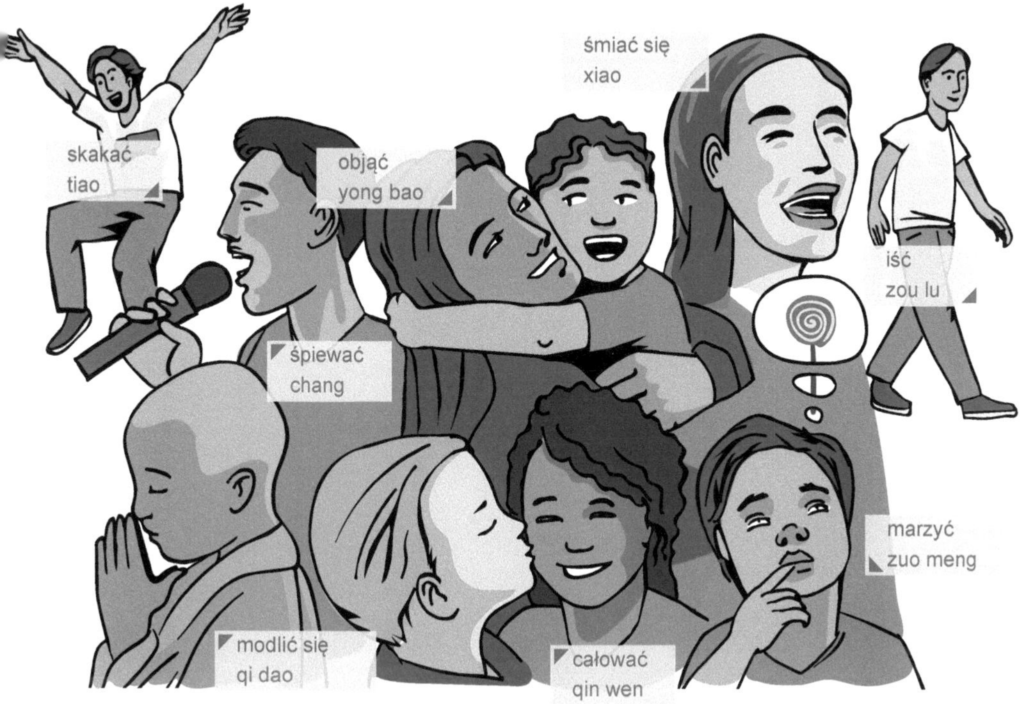

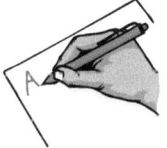

pisać

shu xie

rysować

hua

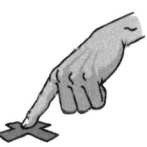

pokazywać

zhan shi

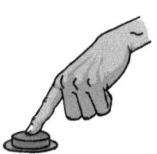

nacisnąć

tui

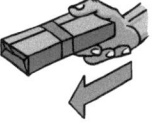

dać

gei

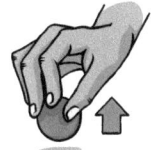

wziąć

na

mieć

you

robić

zuo

być

dang

stać

zhan

biegać

pao

ciągnąć

la

rzucać

reng

spaść

shuai dao

leżeć

tang

czekać

deng dai

nosić

xie dai

siedzieć

zuo

zakładać

chuan yi

spać

shui jiao

budzić się

xing lai

spojrzeć

kan

płakać

ku

głaskać

fu mo

czesać się

shu tou

mówić

jiao tan

rozumieć

ming bai

pytać

wen

słyszeć

ting

pić

he

jeść

chi

sprzątać

qing li

kochać

ai

gotować

zuo fan

jechać

kai che

latać

fei

żeglować

hang xing

liczyć

ji suan

czytać

du

uczyć się

xue xi

pracować

gong zuo

wejść w związek małżeński

jie hun

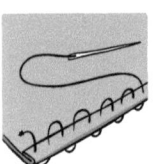

szyć

feng

myć zęby

shua ya

zabić

sha

palić tytoń

chou yan

wysłać

ji

# Rodzina

## jia

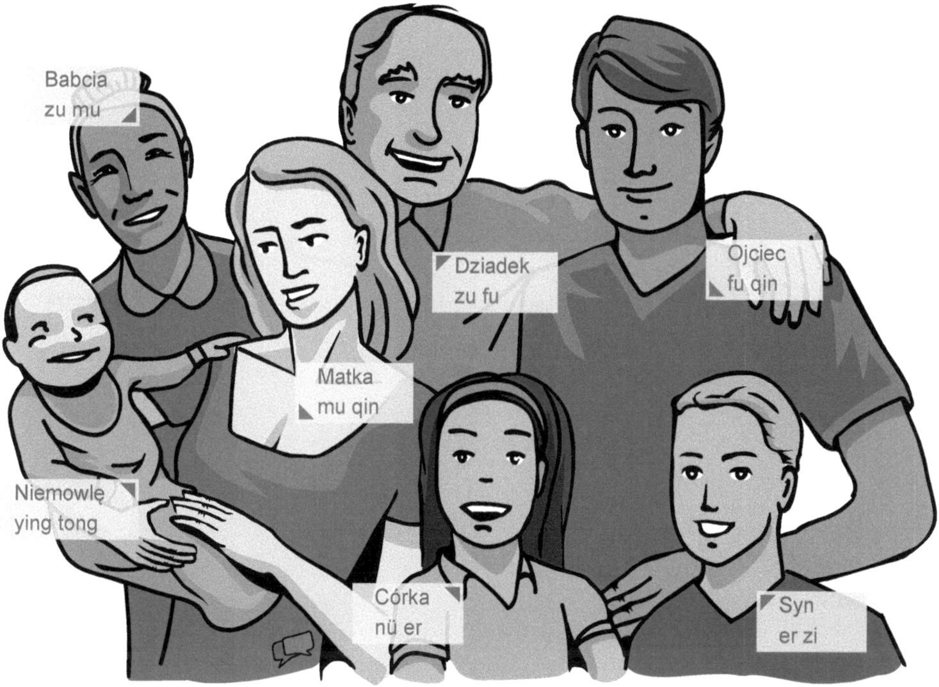
Babcia
zu mu
Dziadek
zu fu
Ojciec
fu qin
Matka
mu qin
Niemowlę
ying tong
Córka
nü er
Syn
er zi

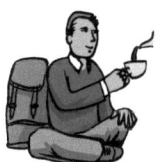

Gość

ke ren

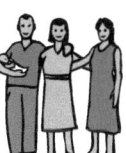

Ciotka

a yi

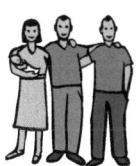

Wujek

shu shu

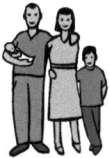

Brat

xiong di

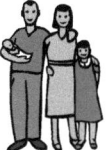

Siostra

jie mei

# Ciało

## shen ti

Czoło
qian e
Oko
yan jing
Twarz
lian
Broda
xia ba
Pierś
ru fang
Palec
shou zhi
Ręka
shou
Ramię
shou bi
Ramię
jian bang
Noga
tui


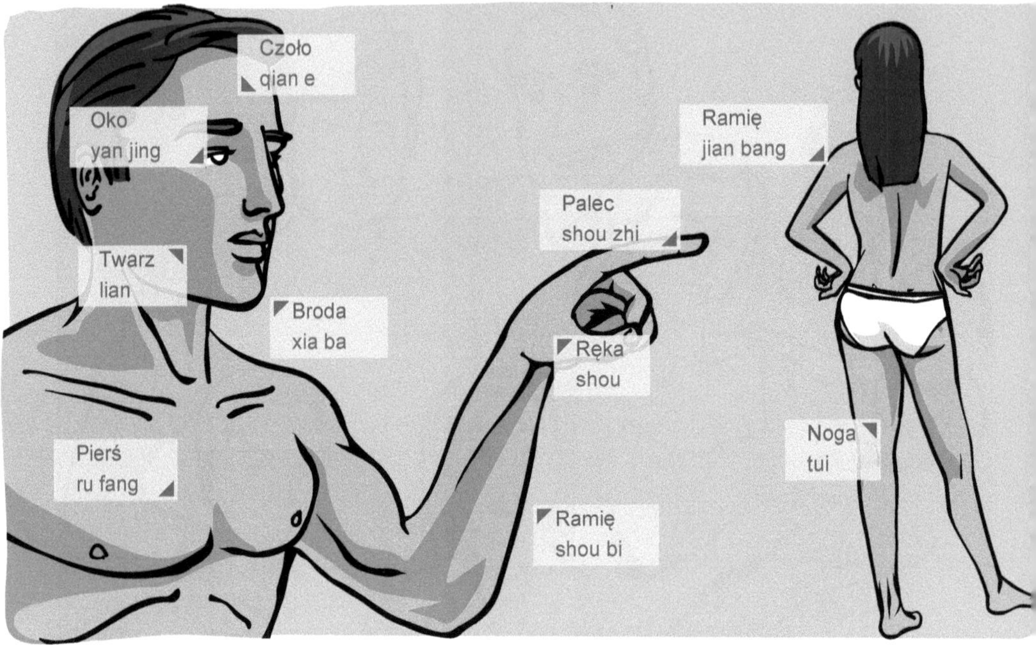

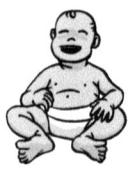

Niemowlę

ying tong

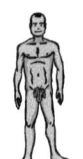

Mężczyzna

nan ren

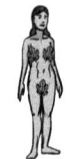

Kobieta

nü ren

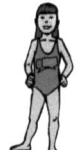

Dziewczyna

nü hai

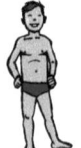

Chłopiec

nan hai

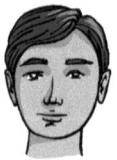

Głowa

tou

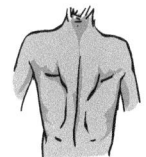

Plecy

bei bu

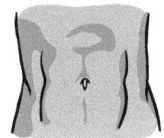

Brzuch

du zi

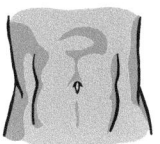

Pępek

du qi

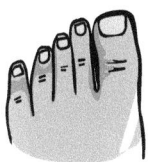

palec nogi

jiao zhi

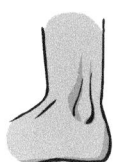

Pięta

jiao hou gen

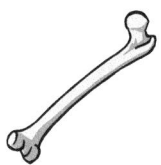

Kość

gu tou

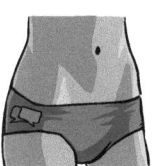

Biodro

tun bu

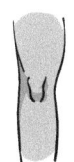

Kolano

xi gai

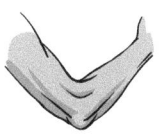

Łokieć

shou zhou

Nos

bi zi

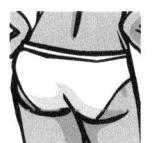

Pośladki

pi gu

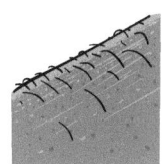

Skóra

pi fu

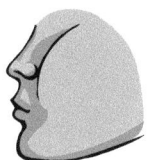

Policzek

lian jia

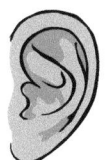

Uszy

er duo

Warga

zui chun

Usta

zui

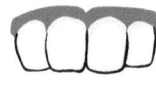

Ząb

ya chi

Język

she tou

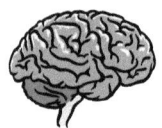

Mózg

nao

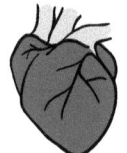

Serce

xin zang

Mięsień

ji rou

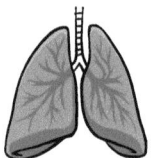

Płuca

fei

Wątroba

gan zang

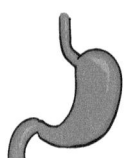

Żołądek

wei

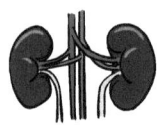

Nerki

shen zang

Stosunek płciowy

xing jiao

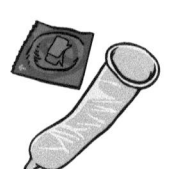

Kondom

bi yun tao

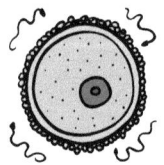

Komórka jajowa

luan zi

Sperma

jing zi

Ciąża

huai yun

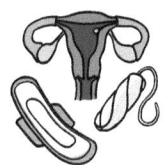

Menstruacja

yue jing

Wagina

yin dao

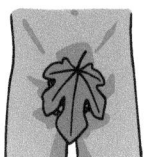

Penis

yin jing

Brew

mei mao

Włosy

tou fa

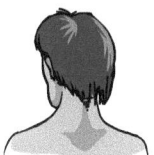

Szyja

bo zi

# Szpital
# yi yuan

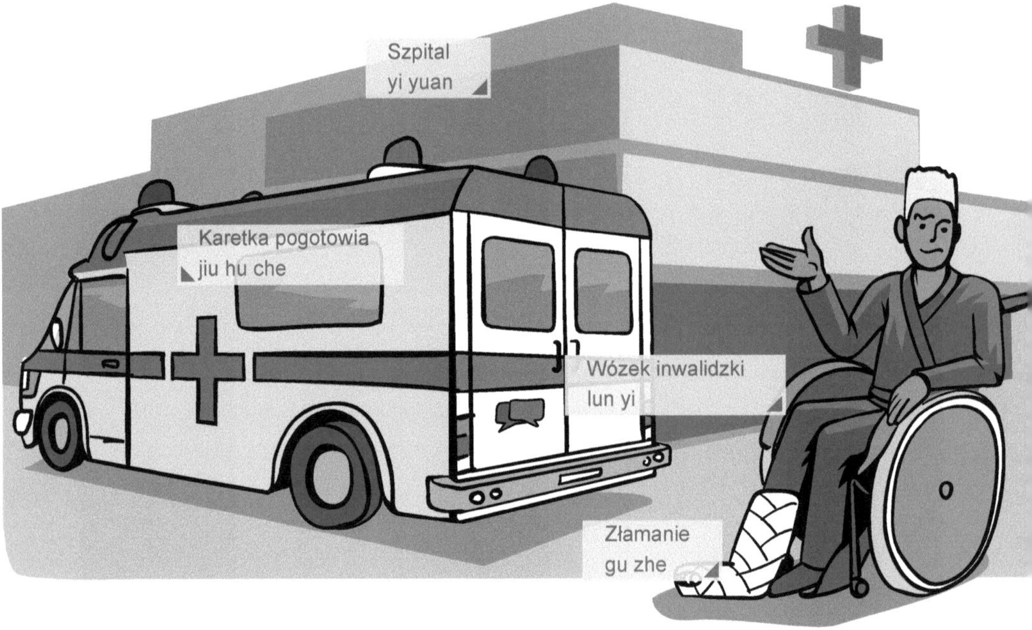

Szpital
yi yuan
Karetka pogotowia
jiu hu che
Wózek inwalidzki
lun yi
Złamanie
gu zhe

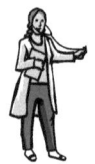

Lekarz

yi sheng

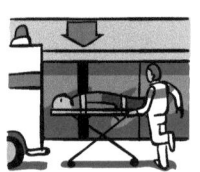

Izba przyjęć

ji zhen shi

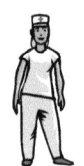

Pielęgniarka

hu shi

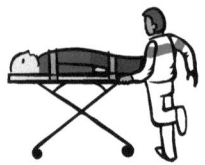

Nagły przypadek

jin ji qing kuang

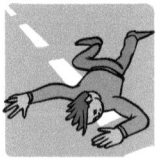

nieprzytomny

hun mi

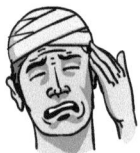

Ból

tong

Skaleczenie

shou shang

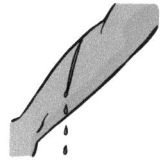

Krwawienie

chu xue

Zawał serca

xin zang bing fa zuo

Udar mózgu

zhong feng

Alergia

guo min

Kaszleć

ke sou

Gorączka

fa shao

Grypa

liu gan

Biegunka

fu xie

Ból głowy

tou tong

Rak

ai zheng

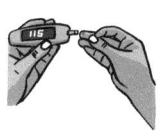

Cukrzyca

tang niao bing

Chirurg

wai ke yi sheng

Skalpel

shou shu dao

Operacja

shou shu

CT
CT

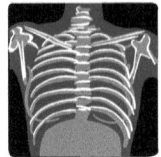

Rentgen
X guang

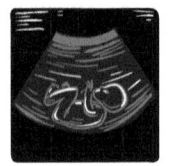

Ultradźwięki
chao sheng bo

Maska
kou zhao

Choroba
ji bing

Poczekalnia
hou zhen shi

Kula
guai zhang

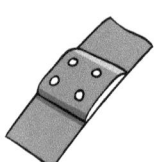

Plaster
shi gao

Opatrunek
beng dai

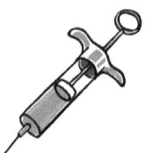

Iniekcja
zhu she

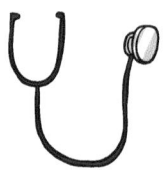

Stetoskop
ting zhen qi

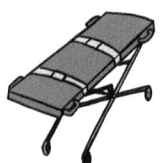

Nosze
dan jia

Termometr
ti wen ji

Poród
chu sheng

Nadwaga
chao zhong

| | | |
|---|---|---|
|  |  |  |
| Aparat słuchowy | Środek dezynfekcyjny | Infekcja |
| zhu ting qi | xiao du ye | gan ran |
|  |  |  |
| Wirus | HIV / AIDS | Medycyna |
| bing du | ai zi bing | yao wu |
| 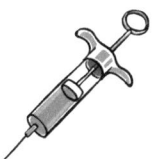 | 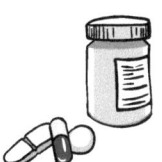 |  |
| Szczepienie | Tabletki | Pigułka |
| jie zhong yi miao | yao pian | yao wan |
|  |  |  |
| Telefon ratunkowy | Ciśnieniomierz krwi | chory / zdrowy |
| ji jiu dian hua | xue ya ji | sheng bing/jian kang |

Pomocy!

jiu ming!

Alarm

jing bao

Napad

tu ji

Atak

gong ji

Niebezpieczeństwo

wei xian

Wyjście awaryjne

jin ji chu kou

Pożar!

zhao huo la!

Gaśnica

mie huo qi

Wypadek

yi wai

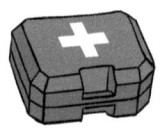

Walizeczka pierwszej pomocy

ji jiu xiang

SOS

hu jiu xin hao

Policja

jing cha

Europa

ou zhou

Ameryka Północna

bei mei zhou

Ameryka Południowa

nan mei zhou

Afryka

fei zhou

Azja

ya zhou

Australia

ao zhou

Atlantyk

da xi yang

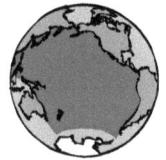

Pacyfik

tai ping yang

Ocean Indyjski

yin du yang

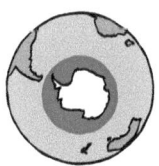

Ocean Antarktyczny

nan bing yang

Ocean Arktyczny

bei bing yang

Biegun północny

bei ji

Biegun południowy

nan ji

Antarktyda

nan ji zhou

Ziemia

di qiu

Kraj

lu di

Morze

hai

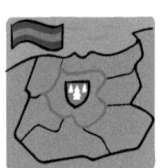

Wyspa

dao

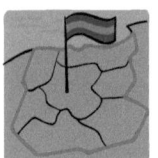

Naród

guo jia

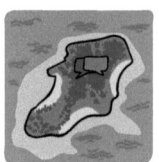

Państwo

guo jia

Cyferblat

zhong mian

Wskazówka godzinowa

shi zhen

Wskazówka minutowa

fen zhen

Wskazówka sekundowa

miao zhen

Która godzina?

xian zai ji dian?

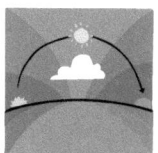

Dzień

tian

Czas

shi jian

teraz

xian zai

Zegarek digitalny

dian zi biao

Minuta

fen

Godzina

shi

# Tydzień
## zhou

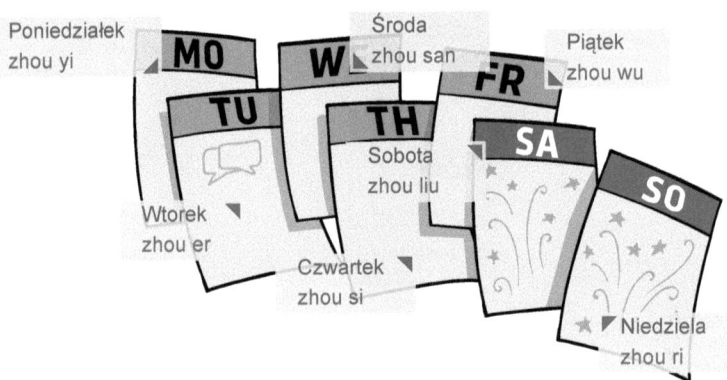

Poniedziałek
zhou yi

Środa
zhou san

Piątek
zhou wu

Wtorek
zhou er

Sobota
zhou liu

Czwartek
zhou si

Niedziela
zhou ri

wczoraj

zuo tian

dzisiaj

jin tian

jutro

ming tian

Rano

zao chen

Południe

zhong wu

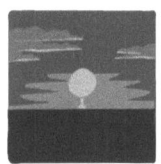

Wieczór

wan shang

Dni robocze

gong zuo ri

Weekend

zhou mo

# Rok
# nian

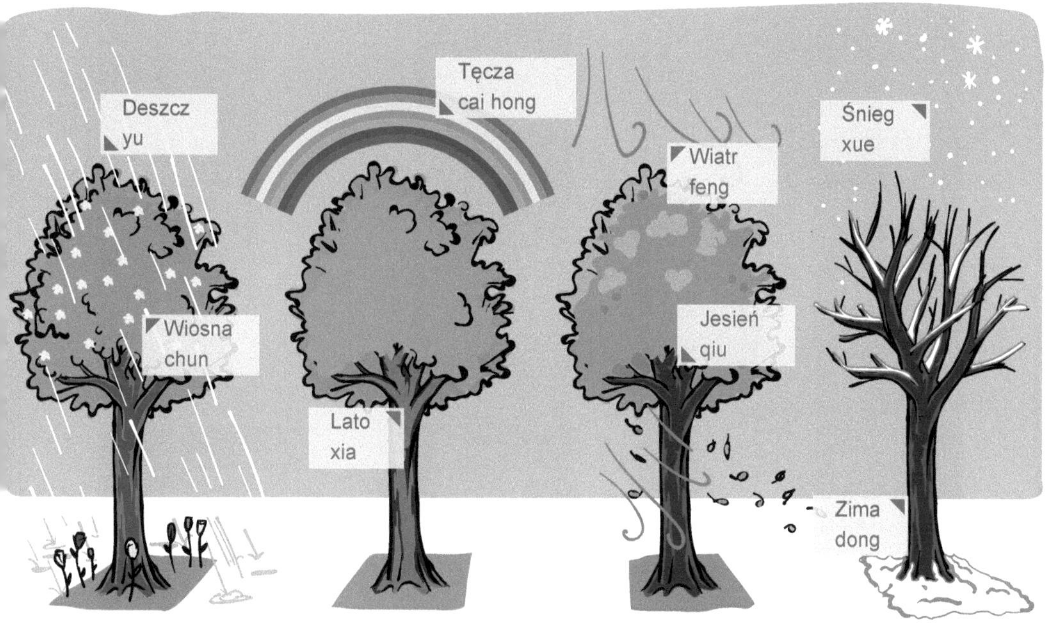

Deszcz
yu
Tęcza
cai hong
Wiatr
feng
Śnieg
xue
Wiosna
chun
Lato
xia
Jesień
qiu
Zima
dong


4.APRIL 11°
5.APRIL 4°
6.APRIL 13°
7.APRIL 8°
8.APRIL 10°


Prognoza pogody

tian qi yu bao

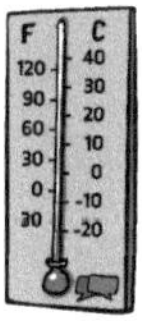

F C
120 40
90 30
60 20
30 10
0 0
30 -10
-20


Termometr

wen du ji

Światło słoneczne

yang guang

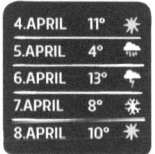

Chmura

yun

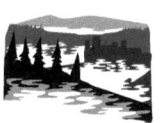

Mgła

wu

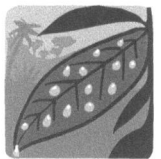

Wilgotność powietrza

chao shi

Błyskawica

shan dian

Grzmot

da lei

Sztorm

feng bao

Grad

bing bao

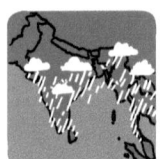

Monsun

ji feng

Potop

hong shui

Lód

bing

Styczeń

yi yue

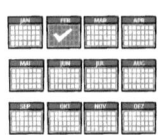

Luty

er yue

Marzec

san yue

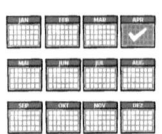

Kwiecień

si yue

Maj

wu yue

Czerwiec

liu yue

Lipiec

qi yue

Sierpień

ba yue

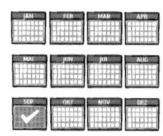

Wrzesień
................
jiu yue

Październik
................
shi yue

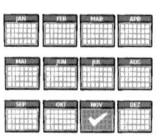

Listopad
................
shi yi yue

Grudzień
................
shi er yue

## Kształty
## xing zhuang

Koło
................
yuan xing

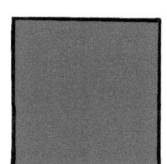

Kwadrat
................
zheng fang xing

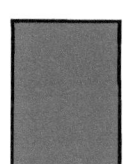

Prostokąt
................
chang fang xing

Trójkąt
................
san jiao xing

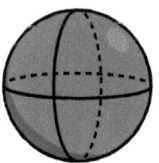

Kula
................
qiu ti

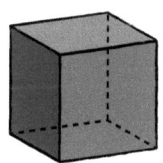

Sześcian
................
li fang ti

biały
................
bai

żółty
................
huang

pomarańczowy
................
cheng

różowy
................
fen

czerwony
................
hong

liliowy
................
zi

niebieski
................
lan

zielony
................
lü

brązowy
................
zong

szary
................
hui

czarny
................
hei

dużo / mało
..............
hen duo/shao xu

wściekły / spokojny
..............
sheng qi/ping jing

piękny / brzydki
..............
mei/chou

początek / koniec
..............
shou/wei

duży / mały
..............
da/xiao

jasny / ciemny
..............
ming/an

brat / siostra
..............
xiong di/jie mei

czysty / brudny
..............
gan jing/ang zang

kompletny / niekompletny
..............
wan zheng/que shi

dzień / noc
..............
bai tian/wan shang

umarły / żywy
..............
si/sheng

szeroki / wąski
..............
kuan/zhai

jadalny / niejadalny

ke shi yong/fei shi yong

zły / uprzejmy

xie e/shan liang

podniecony / znudzony

xing fen/wu liao

gruby / chudy

pang/shou

najpierw / na końcu

di yi/zui hou

przyjaciel / wróg

peng you/di ren

pełen / pusty

man/kong

twardy / miękki

ying/ruan

ciężki / lekki

zhong/qing

głód / pragnienie

e/ke

chory / zdrowy

sheng bing/jian kang

nielegalny / legalny

fei fa/he fa

inteligentny / głupi

cong ming/yu ben

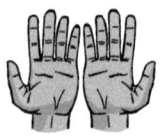

lewo / prawo

zuo/you

bliski / daleki

jin/yuan

nowy / używany

xin/jiu

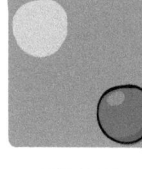

nic / coś

mei you/you xie

stary / młody

lao/you

włącz / wyłącz

kai/guan

otwarty / zamknięty

da kai/he shang

cichy / głośny

an jing/chao nao

bogaty / biedny

fu/qiong

prawidłowy / błędny

dui/cuo

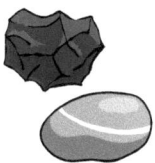

chropowaty / gładki

cu cao/guang hua

smutny / szczęśliwy

shang xin/gao xing

krótki / długi

duan/chang

powolny / szybki

man/kuai

mokry/suchy

shi/gan

ciepły / chłodny

wen nuan/liang shuang

wojna / pokój

zhan zheng/he ping

**0**

zero

ling

**1**

jeden

yi

**2**

dwa

er

**3**

trzy

san

**4**

cztery

si

**5**

pięć

wu

**6**

sześć

liu

**7**

siedem

qi

**8**

osiem

ba

**9**

dziewięć

jiu

**10**

dziesięć

shi

**11**

jedenaście

shi yi

**12**

dwanaście

shi er

**13**

trzynaście

shi san

**14**

czternaście

shi si

**15**

piętnaście

shi wu

**16**

szesnaście

shi liu

**17**

siedemnaście

shi qi

**18**

osiemnaście

shi ba

**19**

dziewiętnaście

shi jiu

**20**

dwadzieścia

er shi

**100**

sto

bai

**1.000**

tysiąc

qian

**1.000.000**

milion

bai wan

Angielski

ying yu

Angielski amerykański

mei shi ying yu

Chiński mandaryński

pu tong hua

Hindi

yin di yu

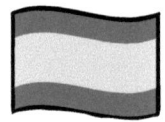

Hiszpański

xi ban ya yu

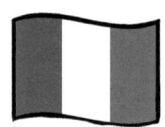

Francuski

fa yu

Arabski

a la bo yu

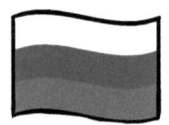

Rosyjski

e yu

Portugalski

pu tao ya yu

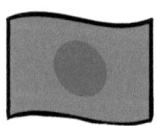

Bengalski

feng jia la yu

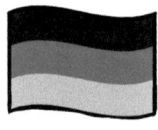

Niemiecki

de yu

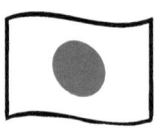

Japoński

ri yu

ja

wo

ty

ni

on / ona / ono

ta/ta/ta

my

wo men

wy

ni men

oni

ta men

kto?

shei?

co?

shen me?

jak?

zen yang?

gdzie?

na li?

kiedy?

shen me shi hou?

Nazwisko

ming zi

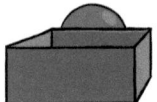

za
.................
hou mian

w
.................
li mian

przed
.................
qian mian

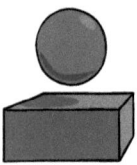

powyżej
.................
shang fang

na
.................
shang mian

pod
.................
xia mian

obok
.................
pang bian

między
.................
zhong jian

Miejsce
.................
di dian